Caballo pío

Grace Hansen

Abdo CABALLOS Kids

Abdo Kids Jumbo es una subdivisión de Abdo Kids
abdobooks.com

abdobooks.com

Published by Abdo Kids, a division of ABDO, P.O. Box 398166, Minneapolis, Minnesota 55439.

Printed in the United States of America, North Mankato, Minnesota.

102019

012020

THIS BOOK CONTAINS RECYCLED MATERIALS

Spanish Translator: Maria Puchol

Photo Credits: Alamy, AP Images, Depositphotos Enterprise, iStock, Shutterstock

Production Contributors: Teddy Borth, Jennie Forsberg, Grace Hansen
Design Contributors: Dorothy Toth, Pakou Moua

Library of Congress Control Number: 2019944045

Publisher's Cataloging-in-Publication Data

Names: Hansen, Grace, author.

Title: Caballo pío/ by Grace Hansen

Other title: Pinto Horses. Spanish

Description: Minneapolis, Minnesota : Abdo Kids, 2020. | Series: Caballos

Identifiers: ISBN 9781098201067 (lib.bdg.) | ISBN 9781098202040 (ebook)

Subjects: LCSH: Pinto horse--Juvenile literature. | Calico horse--Juvenile literature. | Horses--Juvenile literature. | Farm animals--Juvenile literature. | Spanish language materials--Juvenile literature.

Classification: DDC 636.13--dc23

Contenido

Los caballos píos

Es fácil identificar a los caballos píos o con capa pía. ¡Tienen manchas muy grandes en el cuerpo! También se les llama caballos pinto.

Los caballos píos no son una raza de caballos. Es un **diseño** en su pelaje. Cualquier raza de caballo puede tener capa pía.

La piel de los caballos píos es de color rosado. Los ojos son a menudo de color azul claro.

Pelaje

Los caballos píos pueden tener los **cascos** totalmente blancos o de muchos colores.

El pelaje de estos caballos tiene grandes manchas blancas. Existen dos **diseños** principales.

Los caballos con el **diseño** overo tienen blanco que se extiende desde la panza. El blanco se mezcla con otro color más oscuro en el resto del cuerpo.

Los caballos con **diseño** tobiano tienen blanco que se extiende desde la espalda. Este diseño es más suave y regular que el overo.

Razas con capa pía

Los **caballos de tiro** pueden tener capa pía. Los caballos gypsy son excelentes para tirar de carros.

El caballo de paso de Tennessee puede tener capa pía. Es un extraordinario caballo para la equitación.

Más datos

- Estos caballos se usaban con frecuencia como caballos de batalla. Se pensaba que su coloración ayudaba al funcionar como **camuflaje** natural.

- Los **caballos vaqueros** con capa pía son normalmente caballos cuarto de milla.

- En 1956 se formó la Asociación de caballos píos de los Estados Unidos (*Pinto Horse Association of America*). Más de 100,000 caballos con capa pía se han **inscrito** en este grupo.

Glosario

caballo de tiro – caballo grande que se usa para tirar de cargas pesadas, especialmente un carro o un arado.

caballo vaquero – caballo que ha sido adiestrado para controlar un ganado.

camuflaje – estrategia para esconderse usando diseños o colores que se asemejan a sus alrededores.

casco – cubierta dura y resistente en las pezuñas de algunos mamíferos, como por ejemplo, los caballos.

diseño – dibujo de formas y colores.

inscrito – estar en una lista oficial o registro.

Índice

Abdo Kids ONLINE

FREE! ONLINE MULTIMEDIA RESOURCES

¡Visita nuestra página **abdokids.com** para tener acceso a juegos, manualidades, videos y mucho más!

Usa este código Abdo Kids

HPK5670

¡o escanea este código QR!